მათიას ფიდლერი

უძრავი ქონების ინოვაციური შესაბამისობის იდეა: უძრავი ქონების საბროკერო მომსახურების მარტივად განხორციელება

უძრავი ქონების შესაბამისობა: უძრავი ქონების ეფექტური, მარტივი და პროფესიონალური საბროკერო მომსახურება უძრავი ქონების შესაბამისობის ინოვაციური პორტალის მეშვეობით

გამოშვების ცნობები

1.გამოცემა ბეჭდვითი წიგნის სახით | თებერვალი 2017
(თავდაპირველად გამოქვეყნდა გერმანულ ენაზე, დეკემბერი 2016)

მათიას ფიდლერი
ერიკა-ფონ-ბროქდორფი-ის ქუჩა 19
41352 კორშენბროიხი
გერმანია
www.matthiasfiedler.net

დამზადება და ბეჭდვა:
იხილეთ მონაცემები ბოლო გვერდზე

გარეკანის დიზაინი: მათიას ფიდლერი
ელ.წიგნის დამზადება: მათიას ფიდლერი

ISBN-13 (Paperback): 978-3-947184-71-2
ISBN-13 (E-Book mobi): 978-3-947128-67-9
ISBN-13 (E-Book epub): 978-3-947128-68-6

გერმანიის ეროვნული ბიბლიოთეკის ბიბლიოგრაფიული
ინფორმაცია:
გერმანიის ეროვნული ბიბლიოთეკა ამ გამოცემას მოიხსენიებს
გერმანიის ეროვნული ბიბლიოგრაფიის ჩამონათვალში;
დეტალური ბიბლიოგრაფიული ცნობები ხელმისაწვდომია
საიტზე http://dnb.d-nb.de

შინაარსი

ამ წიგნში ახსნილია რევოლუციური კონცეფცია უძრავი ქონების შესაბამისობის საერთაშორისო პორტალისთვის (აპლიკაცია) ბრუნვის მნიშვნელოვანი პოტენციალის (მილიარდობით ევრო) გათვალისწინებით, რომელიც ინტეგრირებულია უძრავი ქონების აგენტის პროგრამაში უძრავი ქონების შეფასების ჩათვლით (ბილიონობით ევრო ბრუნვის პოტენციალი).

ეს იძლევა საცხოვრებელი თუ კომერციული უძრავი ქონების პირადად მოხმარების ან გაქირავების, ეფექტურად და დროის დაზოგვით რეალიზაციის საშუალებას. ეს არის უძრავი ქონების ინოვაციური და პროფესიონალური საბროკერო მომსახურების მომავალი უძრავი ქონების ყველა აგენტისა და ქონებით დაინტერესებულთათვის. უძრავი ქონების

შესაბამისობა ფუნქციონირებს თითქმის ყველა ქვეყანაში და ტრანსნაციონალურადაც კი.

უძრავი ქონების მყიდველთან ან დამქირავებელთან „მიტანის" ნაცვლად, უძრავი ქონების შესაბამისობის პორტალის შემთხვევაში, მოხდება უძრავი ქონებით დაინტერესებულთა კვალიფიცირება (საძიებო პროფაილი) და უძრავი ქონების აგენტის სარეალიზაციო ქონებასთან მისადაგება და დაკავშირება.

სარჩევი

წინასიტყვაობა

2011 წელს შევიმუშავე და განვავითარე აქ აღწერილი იდეა უძრავი ქონების ინოვაციური შესაბამისობისა.

1998 წლიდან ვსაქმიანობ უძრავი ქონების ინდუსტრიაში (რაც მოიცავს უძრავი ქონების საბროკერო მომსახურებას, ყიდვა-გაყიდვას, შეფასებას, გაქირავებასა და მიწის ნაკვეთის შეფასებას, მისი განვითარებისა და რეალიზაციის კონცეფციას). გახლავართ უძრავი ქონების სპეციალისტი (IHK), უძრავი ქონების დიპლომირებული ეკონომისტი (ADI) და ქონების შეფასების ექსპერტი (DEKRA), ასევე საერთაშორისოდ აღიარებული უძრავი ქონების ასოციაცია Royal Institution of Chartered Surveyors (MRICS)-ის წევრი.

მათიას ფიდლერი
კორშენბროიხი, 31.10.2016
www.matthiasfiedler.net

1. უძრავი ქონების ინოვაციური შესაბამისობის იდეა: უძრავი ქონების საბროკერო მომსახურება ხორციელდება მარტივად

უძრავი ქონების შესაბამისობა: უძრავი ქონების ეფექტური, მარტივი და პროფესიონალური საბროკერო მომსახურება უძრავი ქონების შესაბამისობის ინოვაციური პორტალის მეშვეობით

უძრავი ქონების მყიდველთან ან დამქირავებელთან „მიტანის" ნაცვლად, უძრავი ქონების შესაბამისობის პორტალის (აპლიკაცია) შემთხვევაში, ხდება უძრავი ქონებით დაინტერესებულთა კვალიფიცირება (საძიებო პროფაილი) და უძრავი ქონების აგენტის სარეალიზაციო ქონებასთან მისადაგება და დაკავშირება.

2. უძრავი ქონებით დაინტერესებულებისა და ქონების მიმწოდებლების მიზნები

უძრავი ქონების გამყიდველის და გამქირავებლის გადმოსახედიდან მნიშვნელოვანია კუთვნილი ქონების სწრაფად და რაც შეიძლება მაღალ ფასად გაყიდვა ან გაქირავება. მყიდველისა და დამქირავებლის გადმოსახედიდან მნიშვნელოვანია სასურველი უძრავი ქონების პოვნა და მისი სწრაფად და უპრობლემოდ შეძენა ან დაქირავება.

3. უძრავი ქონების ძიების წინანდელი მეთოდი

როგორც წესი, დაინტერესებული პირები უძრავ ქონებას იძიებენ მათთვის სასურველ რეგიონში უძრავი ქონების მსხვილ პორტალებზე ინტერნეტში. აქ მათ შეუძლიათ ელ.ფოსტაზე გამოაგზავნინონ უძრავი ქონება ან სია შესაბამისი ლინკებით უძრავი ქონებისთვის, თუ შექმნილი აქვთ მომხმარებლის მოკლე საძიებო პროფაილი. ხშირად ეს ხორციელდება უძრავი ქონების 2-3 პორტალზე. საბოლოოდ მომწოდებლებთან დაკავშირება, როგორც წესი, ხდება ელ.ფოსტის მეშვეობით. ამით მომწოდებლებს ეძლევათ შესაძლებლობა და ნებართვა, რომ დაუკავშირდნენ დაინტერესებულ პირებს.

გარდა ამისა, დაინტერესებული პირები ცალკე იზოლირებულად უკავშირდებიან უძრავი ქონების აგენტებს სასურველ რეგიონში და

შესაბამისად ხდება მომხმარებლის საძიებო პროფილის შენახვა.

მომწოდებლები უძრავი ქონების პორტალებზე არიან კერძო და კომერციული მომწოდებლები. კომერციული მომწოდებლები ძირითადად არიან უძრავი ქონების აგენტები და ნაწილობრივ სამშენებლო კომპანიები, უძრავი ქონების ბროკერები და უძრავი ქონების სხვა სააგენტოები (კომერციული მომწოდებლები ტექსტში მოხსენიებული არიან, როგორც უძრავი ქონების აგენტები).

4. მინუსი კერძო მიმწოდებელი / პლიუსი უძრავი ქონების აგენტი

უძრავი ქონების ყიდვისას კერძო გამყიდველისგან ყოველთვის არ არის დაუყოვნებლივი მიყიდვა უზრუნველყოფილი, რადგანაც მაგალითად მემკვიდრეობით მიღებული ქონებისას შეიძლება არ იყოს შეთანხმება მემკვიდრეებს შორის ან არ არსებობდეს სამკვიდრო მოწმობა. გარდა ამისა, გადაუჭრელმა სამართლებრივმა საკითხებმა, როგორიცაა მათ შორის სამოსახლო კანონი, შეიძლება გაართულონ გაყიდვის პროცედურა.

უძრავი ქონების დაქირავებისას შეიძლება მოხდეს ისე, რომ კერძო გამქირავებლებს არ ქონდეთ მიღებული ნებართვები ოფიციალური უწყებიდან, მაგალითად, როდესაც კომერციული უძრავი ქონება (-ფართი) უნდა გაქირავდეს როგორც ბინა.

როდესაც უძრავი ქონების აგენტი მოქმედებს როგორც მიმწოდებელი, ზემოაღნიშნული ასპექტები მას როგორც წესი მოგვარებული აქვს. გარდა ამისა, ხშირ შემთხვევაში უძრავი ქონების ყველა საჭირო დოკუმენტაციაც (მიწის გეგმა, რუკა, ენერგეტიკული შესრულების სერთიფიკატი, ამონაწერი რეესტრიდან, ოფიციალური დოკუმენტები და ა.შ.) წარმოდგენილია – ამდენად, გაყიდვა თუ გაქირავება შესაძლებელია განხორციელდეს სწრაფად და გართულებების გარეშე.

5. უძრავი ქონების შესაბამისობა

ქონებით დაინტერესებულ მხარესა და გამყიდველსა თუ გამქირავებელს შორის შესაბამისობის სწრაფად და ეფექტურად მისაღწევად, ზოგადად მნიშვნელოვანია სისტემატიზირებული და პროფესიონალური მიდგომის შეთავაზება.

ეს აქ ხორციელდება პირიქით მიმართული მეთოდით ან პროცედურით ქონების ძებნისა და პოვნისას უძრავი ქონების აგენტსა და ქონებით დაინტერესებულ პირს შორის. ეს ნიშნავს, რომ უძრავი ქონების მყიდველთან ან დამქირავებელთან „მიტანის" ნაცვლად, უძრავი ქონების შესაბამისობის პორტალის (აპლიკაცია) შემთხვევაში, ხდება ქონებით დაინტერესებულთა კვალიფიცირება (საძიებო პროფაილი) და უძრავი ქონების აგენტის სარეალიზაციო ქონებასთან მისადაგება და დაკავშირება.

14

პირველ ეტაპზე ქონებით დაინტერესებული პირი განათავსებს კონკრეტულ საძიებო პროფაილს უძრავი ქონების შესაბამისობის პორტალზე. აღნიშნული საძიებო პროფაილი შეიცავს დაახლოებით 20 მახასიათებელს. სხვა დანარჩენთან ერთად შემდეგი მახასიათებლები (არასრული ჩამონათვალი) არსებითად მნიშვნელოვანია საძიებო პროფაილისთვის:

- რაიონი/ საფოსტო კოდი/ დასახლება
- ობიექტის სახეობა
- მიწის ნაკვეთის ზომა
- საცხოვრებელი ფართი
- ყიდვის-/ ქირის ფასი
- აშენების წელი
- სართული
- ოთახების რაოდენობა
- გაქირავებული (კი/ არა)
- სარდაფი (კი/ არა)
- აივანი/ ტერასა (კი/ არა)
- გათბობის სახეობა
- ავტოსადგომი (კი/ არა)

მნიშვნელოვანია მახასიათებლების არა თავისუფლად შეყვანა, არამედ წინასწარ განსაზღვრული ვარიანტების/პარამეტრების მქონე ჩამონათვალიდან არჩევა (მაგ. უძრავი ქონების სახეობის შემთხვევაში: ბინა, აგარაკი, საწყობი, ოფისი...) მახასიათებლის შესაბამის ველზე (მაგ. ობიექტის სახეობა) დაჭერით ან მისი გახსნით.

სურვილისამებრ დაინტერესებულ მხარეს შეუძლია დამატებითი საძიებო პროფაილის შეიქმნა. შესაძლებელია პროფაილის შეცვლაც.

ქონებით დაინტერესებულ პირებს შეჰყავთ სრული საკონტაქტო ინფორმაცია წინასწარ განსაზღვრულ ველებში. ესენია სახელი, გვარი, ქუჩა, შენობის ნომერი, საფოსტო ინდექსი, რაიონი, ტელეფონი და ელ.ფოსტა.

ამასთან დაკავშირებით დაინტრესებული მხარე იძლევა თანხმობას, რომ მას დაუკავშირდეს უძრავი ქონების აგენტი და გაუგზავნოს შესაფერისი უძრავი ქონება (პრეზენტაცია).

გარდა ამისა, ქონებით დაინტერესებული პირები უძრავი ქონების შესაბამისობის პორტალის ოპერატორებთან აფორმებენ ხელშეკრულებას.

მომდევნო ეტაპზე საძიებო პროფაილები ჯერ კიდევ უხილავადაა ხელმისაწვდომი უძრავი ქონების მიერთებული აგენტებისთვის აპლიკაციის პროგრამირების ინტერფეისის (API – Application Programming Interface) მეშვეობით – შედარებისთვის, როგორიცაა მაგ. გერმანიაში აპლიკაციის პროგრამირების ინტერფეისი "openimmo". ამ მიზნით, უნდა აღინიშნოს, რომ აპლიკაციის პროგრამირების აღნიშნული ინტერფეისის - თითქმის რეალიზაციის გასაღების - მხარდაჭერას უნდა ახორციელებდეს ან მის გადატანას უნდა უზრუნველყოფდეს თითქმის ყველა გამოყენებაში მყოფი უძრავი ქონების აგენტის პროგრამული უზრუნველყოფა. თუ არადა, ეს ტექნიკურად განხორციელებადი უნდა იყოს. – ვინაიდან აპლიკაციის პროგრამირების ისეთი ინტერფეისი, როგორიცაა

ზემოაღნიშნული "openimmo" და კიდევ სხვა პროგრამირების ინტერფეისები პრაქტიკაში უკვე არსებობს, ამიტომ საძიებო პროფაილების გადატანა შესაძლებელი უნდა იყოს.

უძრავი ქონების მაკლერები ადარებენ მათ სარეალიზაციო ქონებას საძიებო პროფაილებთან. ამისათვის ხდება უძრავი ქონების ატვირთვა უძრავი ქონების შესაბამისობის პორტალზე და შესაბამისი მახასიათებლების მისადაგება და დაკავშირება. მისადაგების შემდეგ დგინდება თანხვედრობა შესაბამისი პროცენტული მაჩვენებლით. – საძიებო პროფაილები დაწყებული თანხვედრობის 50%-იანი მაჩვენებლიდან უკვე ჩანს უძრავი ქონების აგენტის პროგრამულ უზრუნველყოფაში.

ცალკეული მახასიათებლები ერთმანეთთან არის შეწონილი (ქულების სისტემა), ისე რომ მახასიათებლების მისადაგების შემდეგ ვიღებთ თანხვედრობის პროცენტულ მაჩვენებელს

(თანხვედრობის ალბათობა). – მაგ. მახასიათებელი „ობიექტის სახეობა“ უფრო მაღლა ფასდება ვიდრე "საცხოვრებელი ფართი". დამატებით შესაძლებელია რომელიმე კონკრეტული მახასიათებლის (მაგ. სარდაფი) არჩევა, რომელიც უძრავ ქონებას უნდა ქონდეს.

მახასიათებლების მისადაგების დროს საჭიროა ყურადღების მიქცევა იმაზე, რომ უძრავი ქონების აგენტებს წვდომა მიეცეთ მხოლოდ სასურველ (დაჯავშნილ) რაიონებზე. ეს ამცირებს მონაცემების სინქრონიზაციისთვის საჭირო ძალისხმევას. მით უმეტეს, რომ უძრავი ქონების შესაბამისი აგენტები ხშირად მოქმედებენ რეგიონალურ დონეზე. – აღსანიშნავია, რომ დღესდღეობით ე.წ. "ღრუბლის" მეშვეობით დიდი მოცულობის მონაცემების შენახვა და დამუშავებაა შესაძლებელი.

უძრავი ქონების პროფესიონალური რეალიზაციის უზრუნველსაყოფად მხოლოდ

უძრავი ქონების აგენტები იღებენ წვდომას სამიებო პროფაილებზე.

ამ მიზნით, უძრავი ქონების აგენტები ხელშეკრულებას აფორმებენ უძრავი ქონების შესაბამისობის პორტალის ოპერატორებთან.

შესაბამისი მისადაგების/თანხვედრის შემდეგ უძრავი ქონების აგენტებს შეუძლიათ დაინტერესებულ პირებთან და პირიქით უძრავი ქონებით დაინტერესებულ პირებს აგენტებთან დაკავშირება. ეს ასევე ნიშნავს, რომ როდესაც უძრავი ქონების აგენტი დაინტერესებულ პირს პრეზენტაციას უგზავნის, ამით ხდება საქმიანობის დამადასტურებელი მოწმობის და ქონების გაყიდვის ან გაქირავების შემთხვევაში უძრავი ქონების აგენტის საკომისიოზე მოთხოვნის უფლების დოკუმენტირებაც.

ეს გულისხმობს, რომ უძრავი ქონების აგენტი მესაკუთრის (გამყიდველი ან გამქირავებელი) მხრიდან უფლებამოსილია უძრავი ქონების რეალიზაციაზე ან არსებობს თანხმობა ქონების

შეთავაზებაზე.

6. გამოყენების სფეროები

უძრავი ქონების შესაბამისობის აღნიშნული მეთოდი გამოიყენება ქონების შეძენა-გაქირავებისთვის საცხოვრებელი და კომერციული უძრავი ქონების სექტორში. კომერციული უძრავი ქონებისთვის შესაბამისად საჭიროა უძრავი ქონების დამატებითი მახასიათებლები.

უძრავი ქონებით დაინტერესებული პირის მხარეს, როგორც ჩვეულებრივ პრაქტიკაში ხდება, შეიძლება ასევე წარმოდგენილი იყოს უძრავი ქონების აგენტი, როდესაც ის მაგ. კლიენტის დავალებით საქმიანობს.

სივრცობრივად თუ განვიხილავთ, უძრავი ქონების შესაბამისობის პორტალის გადაცემა შესაძლებელია თითქმის ყველა ქვეყნისთვის.

7. უპირატესობები

უძრავი ქონების თანხვედრობის/შესაბამისობის მეთოდი სთავაზობს დიდ უპირატესობებს ქონებით დაინტერესებულ პირებს, როდესაც ისინი მაგ. თავიანთსავე რეგიონში (საცხოვრებელი ადგილი) ან სამუშაოს შეცვლისას სხვა ქალაქში/რეგიონში ეძებენ უძრავ ქონებას.

ისინი მხოლოდ ერთხელ განათავსებენ თავიანთ საძიებო პროფაილს და იღებენ სასურველ რეგიონში დასაქმებული უძრავი ქონების აგენტებისგან გამოგზავნილ შეთავაზებებს შესაფერის უძრავ ქონებაზე.

უძრავი ქონების აგენტებისთვისაც არის დიდი უპირატესობები გაყიდვისა თუ გაქირავების ეფექტურობისა და დროის დაზოგვის თვალსაზრისით.

ისინი დაუყოვნებლივ იღებენ მიმოხილვას, თუ რამდენად მაღალია პოტენციალი ქონებით დაინტერესებული კონკრეტული პირებისგან მათ მიერ შეთავაზებულ შესაბამის ქონებაზე.

გარდა ამისა, უძრავი ქონების აგენტებს შეუძლიათ პირდაპირ მიმართონ (სხვა დანარჩენთან ერთად ქონების პრეზენტაციის გაგზავნა) მათთვის რელევანტურ მიზნობრივ აუდიტორიას, რომელმაც საძიებო პროფაილის განთავსებით სასურველ ქონებაზე კონკრეტული მოსაზრებები გამოთქვა.

ამით იზრდება ქონებით დაინტერესებულ იმ პირებთან კონტაქტის დამყარების ხარისხი, რომლებმაც იციან რას ეძებენ. ეს ამცირებს შემდგომი დათვალიერებების რაოდენობას. – ამით მცირდება სარეალიზაციო ქონების მთლიანი მარკეტინგული პერიოდი.

ქონებით დაინტერესებული მხარის მიერ სარეალიზაციო ქონების დათვალიერების შემდეგ – როგორც წესი – იდება ნასყიდობის ან ქირავნობის ხელშეკრულება.

8. გაანგარიშების მაგალითი (პოტენციალი) – მხოლოდ მესაკუთრის მიერ გამოყენებული ბინები და სახლები (არა გაქირავებული ბინები და სახლები, ასევე კომერციული უძრავი ქონება)

მომდევნო მაგალითით ნათელი გახდება, თუ რა პოტენციალი გააჩნია უძრავი ქონების შესაბამისობის პორტალს.

მომსახურების ჩაზმის რაიონში, რომელშიც 250.000 მოსახლეა, მაგ. როგორიცაა ქალაქი მიონხენგლადბახი, სტატისტიკურად რომ დავამრგვალოთ 125.000 კომლია (2 მოსახლე თითო კომლში). გადასახლების საშუალო მაჩვენებელია დაახლოებით 10%. ამგვარად, წელიწადში საცხოვრებელ ადგილს იცვლის 12.500 კომლი. – მიონხენგლადბახიდან გადასვლის ან მასში გადმოსვლის ბალანსი აქ არ იქნა გათვალისწინებული. – ამათგან დაახლ.

10.000 კომლი (80%) ეძებს უძრავ ქონებას დასაქირავებლად და დაახლ. 2.500 კომლი (20%) შესაძენად.

ქალაქ მიონხენგლადბახის მიწის შეფასების ექსპერტთა კომიტეტის მიწის ბაზრის შესახებ ანგარიშის მიხედვით 2012 წელს იყო უძრავი ქონების შესყიდვის 2.613 შემთხვევა. – ეს ადასტურებს მყიდველთა ზემოაღნიშნულ რიცხვს 2.500. რეალურად მეტი იქნება, რადგან მაგ. ყველა დაინტერესებული ვერ იპოვნის სასურველ უძრავ ქონებას. რეალური მყიდველის რაოდენობა, უფრო კონკრეტულად, საძიებო პროფაილების რაოდენობა დაახლოებით იქნება ორჯერ უფრო მაღალი, ვიდრე საცხოვრებელი ადგილის შეცვლის საშუალო მაჩვენებელი დაახლ.10% , კერძოდ 25.000 საძიებო პროფაილი. ეს ციფრი ითვალისწინებს მათ შორის იმასაც, რომ დაინტერესებული პირები პორტალზე რამდენიმე პროფაილს ქმნიან.

აღსანიშნავია ასევე, რომ აქამდე როგორც გამოცდილებამ აჩვენა, ქონებით დაინტერესებულ პირთა (მყიდველები და დამქირავებლები) მთლიანი რაოდენობის დაახლოებით ნახევარმა სასურველი უძრავი ქონება იპოვნა უძრავი ქონების აგენტის მეშვეობით, ამგვარად მთლიანობაში 6.250 კომლი.

თუმცა, გამოცდილება ცხადყოფს, რომ ძებნას ახორციელებდა ყველა კომლის მინიმუმ 70% უძრავი ქონების პორტალების მეშვეობით ინტერნეტში, ამგვარად, სულ 8.750 კომლი (შეესაბამება 17.500 საძიებო პროფაილს).

თუკი ქონებით დაინტერესებული ყველა პირის 30%, ანუ 3.750 კომლი (შეესაბამება 7.500 საძიებო პროფაილს), ისეთ ქალაქში როგორიცაა მიონხენგლადბახი, თავის საძიებო პროფაილს განათავსებდა უძრავი ქონების შესაბამისობის პორტალზე (აპლიკაცია), მასთან დაკავშირებული უძრავი ქონების აგენტები შეძლებდნენ

წლიურად ყიდვით დაინტერესებულთა 1.500 კონკრეტული საძიებო პროფაილის (20%) და დაქირავებით დაინტერესებულთა 6.000 კონკრეტული საძიებო პროფაილის (80%) მეშვეობით მათთვის შესაფერისი უძრავი ქონების შეთავაზებას.

ეს ნიშნავს, რომ ძებნის 10 თვიანი საშუალო ხანგრძლივობისას და სამაგალითო ფასის - 50 ევრო თვეში ქონებით დაინტერესებულთა მიერ შექმნილი ყოველი საძიებო პროფაილისთვის - პირობებში, 7.500 საძიებო პროფაილისთვის წლიურად მიიღება 3.750.000 ევრო გაყიდვების პოტენციალი ქალაქში 250.000 მაცხოვრებლით.

ექსტრაპოლაციის გამოყენების შემთხვევაში გერმანიის ფედერაციული რესპუბლიკის მასშტაბით დამრგვალებული 80.000.000 (80 მლნ) მაცხოვრებლით მიიღება გაყიდვების პოტენციალი 1.200.000.000 ევრო (1,2 მლრდ ევრო) წელიწადში. – თუკი უძრავი ქონებით დაინტერესებული ყველა პირის 30%-ის ნაცვლად

40% მოძებნიდა მისთვის სასურველ ქონებას უძრავი ქონების შესაბამისობის პორტალის მეშვეობით, გაყიდვების პოტენციალი გაიზრდებოდა 1.600.000.000 ევროთი (1,6 მლრდ. ევრო) წელიწადში.
აღნიშნული გაყიდვების პოტენციალი ვრცელდება მხოლოდ მესაკუთრეების მიერ გამოყენებულ ბინებსა და სახლებზე. გასაქირავებელი ასევე საინვესტიციო უძრავი ქონება საცხოვრებელი უძრავი ქონების სექტორში და კომერციული უძრავი ქონების მთლიანი სექტორი პოტენციალის გაანგარიშებაში არ შედის.

გერმანიაში უძრავი ქონების სარეალტორო მომსახურების სფეროში დაახლოებით 50.000 კომპანიის არსებობის პირობებში (მათ შორის მონაწილე კონტრაქტორები, უძრავი ქონების აგენტები და უძრავი ქონების სხვა კომპანიები), სადაც დაახლოებით 200.000 თანამშრომელია და ამ 50.000 კომპანიის სამაგალითო 20%-იანი

წილიდან, რომელიც უძრავი ქონების შესაბამისობის აღნიშნულ პორტალს საშუალოდ 2 ლიცენზიით იყენებს, სამაგალითო ფასით - 300 ევრო თვეში ყოველ ლიცენზიაზე - მიიღება გაყიდვების პოტენციალი 72.000.000 ევროს ოდენობით (72 მლნ ევრო) წელიწადში. გარდა ამისა, არ უნდა ხდებოდეს რეგიონალურიი აღრიცხვა ადგილობრივი საძიებო პროფაილებისთვის, ისე რომ ფორმირების მიხედვით კიდევ ერთი დამატებითი მნიშვნელოვანი გაყიდვების პოტენციალის გამომუშავება იყოს შესაძლებელი.

კონკრეტული საძიებო პროფაილების მქონე ქონებით დაინტერესებულ კლიენტთა ამ დიდი პოტენციალით უძრავი ქონების აგენტებს აღარ ექნებოდათ კლიენტების საკუთარი მონაცემთა ბაზის - ასეთის არსებობის შემთხვევაში - მუდმივი განახლების საჭიროება. მით უმეტეს, რომ აქტუალური საძიებო პროფაილების ეს რაოდენობა ძალზედ სავარაუდოა, რომ

გადააჭარბებს უძრავი ქონების უამრავი აგენტის მიერ მათ მონაცემთა ბაზაში განთავსებული საძიებო პროფაილების რაოდენობას.

თუკი უძრავი ქონების შესაბამისობის ეს ინოვაციური პორტალი მთელ რიგ ქვეყნებში პოვებდა გამოყენებას, შესაძლებელი იქნებოდა მაგ. დაინტერესებულ პირებს გერმანიიდან განეთავსებინათ საძიებო პროფაილი დასასვენებელი აპარტამენტისთვის ხმელთაშუა ზღვის კუნძულ მალიორკაზე (ესპანეთი) და მალიორკაზე მიერთებული უძრავი ქონების აგენტები კი შეძლებდნენ თავიანთი გერმანელი კლიენტებისთვის შესაფერისი აპარტამენტების ელ.ფოსტით წარდგენას. – თუკი გამოგზავნილი პრეზენტაციები ესპანურადაა დაწერილი, ქონებით დაინტერესებულ პირებს დღესდღეობით უკვე შეუძლიათ ინტერნეტში მთარგმნელობითი პროგრამების დახმარებით უმოკლეს დროში გადათარგმნონ ტექსტი გერმანულად.

საძიებო პროფაილების და სარეალიზაციო უძრავი ქონების მისადაგების სხვადასხვა ენაზე განსახორციელებლად უძრავი ქონების შესაბამისობის პორტალის ფარგლებში შესაძლებელია შესაბამისი მახასიათებლების მისადაგება დაპროგრამებული (მათემატიკური) მახასიათებლების ბაზაზე - იზოლირებულად ენისგან - და შემდეგ მოხდება შესაბამისი ენის მინიჭება.

უძრავი ქონების თანხვედრობის პორტალის ყველა კონტინენტზე გამოყენების შემთხვევაში, ზემოაღნიშნული გაყიდვების პოტენციალი (მხოლოდ ქონებით დაინტერესებულთა) ძალზე გამარტივებული ექსტრაპოლაციით წარმოდგენილი იქნებოდა შემდეგნაირად.

მსოფლიოს მოსახლეობა:
7.500.000.000 (7,5 მლრდ.) მოსახლე

1. მოსახლეობა ინდუსტრიულ ქვეყნებში და დიდწილად ინდუსტრიულ ქვეყნებში:
   2.000.000.000 (2,0 მლრდ.) მოსახლე

2. მოსახლეობა ახალ ინდუსტრიულ ქვეყნებში:
   4.000.000.000 (4,0 მლრდ.) მოსახლე

3. მოსახლეობა განვითარებად ქვეყნებში:
   1.500.000.000 (1,5 მლრდ.) მოსახლე

გერმანიის ფედერაციული რესპუბლიკის გაყიდვების წლიური პოტენციალი 1,2 მლრდ ევროს ოდენობით 80 მლნ მაცხოვრებლის პირობებში კონვერტირდება და ექსტრაპოლირდება შემდეგი სავარაუდო

ფაქტორებით ინდუსტრიულ-, ახალ ინდუსტრიულ და განვითარებად ქვეყნებში.

1. ინდუსტრიული ქვეყნები: 1,0

2. ახალი ინდუსტრიული ქვეყნები: 0,4

3. განვითარებადი ქვეყნები: 0,1

ამგვარად მიიღება შემდეგი წლიური გაყიდვების პოტენციალი (1,2 მლრდ. € x მოსახლეობაზე (ინდუსტრიული-, ახალი ინდუსტრიული- ან განვითარებადი ქვეყნები) / 80 მლნ. მოსახლე x კოეფიციენტი).

1. ინდუსტრიული ქვეყნები: 30,00 მლრდ. €

2. ახალი ინდუსტრიული ქვეყნები: 24,00 მლრდ. €

3. განვითარებადი ქვეყნები: 2,25 მლრდ. €

მთლიანობაში: **56,25 მლრდ. €**

9. დასკვნა

უძრავი ქონების შესაბამისობის წარმოდგენილი პორტალი მნიშვნელოვან უპირატესობებს სთავაზობს უძრავი ქონების მაძიებლებს (პოტენციურ მყიდველებს / დამქირავებლებს) და აგენტებს.

1. პოტენციური მყიდველები / დამქირავებლები მნიშვნელოვნად ამცირებენ მათთვის შესაფერისი უძრავი ქონების მოძიების დროს, რადგანაც ისინი თავიანთ საძიებო პროფაილს მხოლოდ ერთხელ განათავსებენ.

2. უძრავი ქონების აგენტები იღებენ ზოგად მიმოხილვას პოტენციური კლიენტების რაოდენობის შესახებ უკვე კონკრეტული მოთხოვნებით (საძიებო პროფაილი).

3. პოტენციური მყიდველები / დამქირავებლები უძრავი ქონების აგენტებისგან იღებენ (საძიებო

პროფაილის შესაბამისად) მხოლოდ სასურველ ან შესაფერის უძრავ ქონებას (ფაქტიურად წინასწარი ავტომატური შერჩევა).

4. უძრავი ქონების აგენტები ამცირებენ საძიებო პროფაილების მათი ინდივიდუალური მონაცემთა ბაზების შენარჩუნების მალისხმევას, რადგანაც დიდი ოდენობით აქტუალური საძიებო პროფაილების არის მუდმივად ხელმისაწვდომი.
5. რადგანაც უძრავი ქონების შესაბამისობის პორტალთან დაკავშირებული არიან მხოლოდ კომერციული მიმწოდებლები / უძრავი ქონების აგენტები, პოტენციურ კლიენტებს ურთიერთობა აქვთ პროფესიონალ და ხშირად გამოცდილ უძრავი ქონების ბროკერებთან.
6. უძრავი ქონების აგენტები ამცირებენ დათვალიერებისთვის საჭირო ვიზიტების

რაოდენობას და მთლიანობაში მარკეტინგულ პერიოდს. თავის მხრივ, მცირდება პოტენციური კლიენტის მხრიდანაც ვიზიტების რაოდენობა და დრო ნასყიდობისა თუ ქირავნობის ხელშეკრულების დადებამდე.

7. გასაყიდი და გასაქირავებელი ქონების მესაკუთრეებსაც აქვთ დროის დანაზოგი. გარდა ამისა, ცარიელ მდგომარეობაში ყოფნის ნაკლები პერიოდი გასაქირავებელი ქონებისას და ნასყიდობის ფასის უფრო ადრეული გადახდა გასაყიდი ქონებისას უფრო სწრაფი გაქირავებითა თუ გაყიდვით, ამით ასევე ფინანსური უპირატესობა.

უძრავი ქონების შესაბამისობის ამ იდეის რეალიზაციით და განხორციელებით შესაძლებელია უძრავი ქონების საბროკერო მომსახურების სფეროში მნიშვნელოვანი წინსვლის მიღწევა.

10. უძრავი ქონების შესაბამისობის პორტალის ინტეგრაცია უძრავი ქონების აგენტის ახალ პროგრამულ უზრუნველყოფაში უძრავი ქონების შეფასების ჩათვლით

დასასრულის სახით, შესაძლებელია ანდა საჭიროა რომ აქ აღწერილი უძრავი ქონების შესაბამისობის პორტალი თავიდანვე იყოს არსებითი შემადგენელი ნაწილი უძრავი ქონების აგენტის ახალი - იდეალურ შემთხვევაში მსოფლიომასშტაბით გამოსადეგი - პროგრამული უზრუნველყოფისა. ეს ნიშნავს, რომ უძრავი ქონების აგენტებს შეუძლიათ უძრავი ქონების შესაბამისობის პორტალი გამოიყენონ დამატებით უძრავი ქონების აგენტის თავიანთ პროგრამულ უზრუნველყოფასთან ერთად, ან იდეალურ შემთხვევაში, გამოიყენონ უძრავი ქონების აგენტის ახალი პროგრამულ უზრუნველყოფა უძრავი ქონების შესაბამისობის პორტალის ჩათვლით.

უძრავი ქონების აგენტის საკუთარ პროგრამულ უზრუნველყოფაში უძრავი ქონების

შესაბამისობის ამ ეფექტური და ინოვაციური პორტალის ინტეგრაციის მეშვეობით უძრავი ქონების აგენტის პროგრამული უზრუნველყოფისთვის მიიღწევა ფუნდამენტური უნიკალური სავაჭრო შეთავაზება, რომელიც მნიშვნელოვანი იქნება ბაზარზე შეღწევისათვის.

რადგანაც უძრავი ქონების საბროკერო მომსახურებაში უძრავი ქონების შეფასება ყოველთვის არის და იქნება არსებითი შემადგენელი ნაწილი, ამიტომ უძრავი ქონების აგენტის პროგრამულ უზრუნველყოფაში აუცილებელია ინტეგრირებული იყოს უძრავი ქონების შეფასების ინსტრუმენტი. უძრავი ქონების შეფასებას შესაბამისი გამოთვლითი მეთოდებით შეუძლია წვდომა საჭირო მონაცემებზე/პარამენტრებზე უძრავი ქონების აგენტის შეყვანილი/განთავსებული ქონებიდან ბმულების მეშვეობით. ნებისმიერ გამოტოვებულ

პარამეტრს უძრავი ქონების აგენტი ავსებს რეგიონალური ბაზრის საკუთარი ექსპერტიზით.

გარდა ამისა, უძრავი ქონების აგენტის პროგრამულ უზრუნველყოფაში უნდა იყოს სარიალიზაციო უძრავი ქონების ე.წ. ვირტუალური ექსკურსიების/ტურების ინტეგრირების შესაძლებლობა. ეს შესაძლებელია გამარტივებულად რეალიზდეს, მობილური ტელეფონისა და/ან პლანშეტისთვის შემუშავდება დამატებითი აპლიკაცია, რომელიც უძრავი ქონების ვირტუალური ტურის ჩაწერის შემდეგ მოახდენს მის ინტეგრაციას უძრავი ქონების აგენტის პროგრამულ უზრუნველყოფაში დიდწილად ავტომატურად.

თუკი უძრავი ქონების შესაბამისობის ეფექტური და ინოვაციური პორტალი ინტეგრირებული იქნება უძრავი ქონების აგენტის ახალ პროგრამულ უზრუნველყოფაში უძრავი ქონების შეფასებასთან ერთად, ამით კიდევ

მნიშვნელოვნად გაიზრდება გაყიდვების შესაძლო პოტენციალი.

მათიას ფიდლერი
კორშენბროიხი, 31.10.2016

მათიას ფიდლერი
ერიკა-ფონ-ბროქდორფ-ის ქ.19
41352 კორშენბროიხი
გერმანია
www.matthiasfiedler.net